Come [illegible] della terra che [illegible] are in Italia: la Mora[illegible] sua vita e la su[illegible] sono legate a Roma. A Roma, [illegible] egli nacque nel 1907, e sin dal 1945 vive in questa città come scrittore e giornalista. Roma, con la sua gente e la sua vita quotidiana, è la fonte alla quale attinge la sua narrativa.

Negli anni che precedettero il '45 dovette più volte allontanarsi dalla sua città natale: appena novenne contrasse la tubercolosi ossea e venne quindi ricoverato in sanatorio. Uscendone quasi sedicenne, dovette andare a vivere in clima d'alta montagna. Quei lunghi anni di malattia e di isolamento gli servirono di preparazione per la carriera letteraria cui voleva dedicarsi.

Nel 1929 apparve il suo romanzo «Gli indifferenti» e, di colpo, egli diventò celebre. Essendo antifascista, non era però molto considerato dal regime. Così intraprese lunghi viaggi in Grecia, in Inghilterra, in America e in Russia lavorando come corrispondente della stampa italiana. Sfuggì ai fascisti e si nascose nelle vicinanze di Fondi, sulla strada fra Roma e Napoli.

Dopo la liberazione venne premiato per il suo romanzo breve *«Agostino»*. Seguirono i più ambiti premi letterari italiani: il premio Strega nel 1952 e il premio Viareggio nel 1961. I membri del PEN-club internazionale lo elessero loro presidente nel 1959.

Narratore spontaneo e osservatore scrupoloso, si dedica ai problemi sociali con grande competenza. Da «moralista senza morale», studia il mondo del proletariato, analizzando la vita interiore dei suoi personaggi coi metodi della psicanalisi. Moravia è oggi indiscutibilmente uno degli autori più letti, sia in Italia sia all'estero. Perfino il cinema ha presentato le sue opere:

«La ciociara» e «La noia» hanno avuto, infatti, un grande successo anche come films. I suoi libri più recenti sono «Io e Lui» (1970) e «Le strisce della zebra» (1972).

I nostri quattro brevi racconti sono tratti dai due volumi «Racconti romani» e «Nuovi racconti romani». Moravia li scrisse per il «Corriere della Sera». Il suo stile conciso, che si era sviluppato in base alle esigenze giornalistiche, è parte essenziale della sua arte. Ognuna delle brevi storie di questa raccolta è un piccolo dramma o una piccola commedia tratta dalla vita romana. L'autore ci presenta la vita dei poveri, dei lavoratori, dei piccoli impiegati, degli uomini semplici, di gente che la sfortuna perseguita. Noi non potremo sottrarci alla sua maniera così immediata di narrare e ci lasceremo volentieri introdurre da lui nella vita quotidiana di Roma.

La ciociara

Al professore, quando insisteva, gliel'avevo detto e ripetuto: «Badi professore, sono ragazze semplici... roba di campagna... badi a quello che fa... meglio per lei prendere una romana... le ciociare sono rustiche, contadine, analfabete». Quest'ultima parola soprattutto era piaciuta al professore: «Analfabeta... ecco quello che ci vuole... almeno non leggerà i fumetti... analfabeta». Questo professore era un uomo vecchio, col pizzo e i baffi bianchi, che insegnava al liceo. Ma la sua occupazione principale erano le rovine. Ogni domenica e anche in altri giorni lui andava qua e là, sulla via Appia, o al Foro Romano o alle Terme di Caracalla, e spiegava le rovine di Roma. In casa sua, poi, i libri sulle rovine e altri si accatastavano come in una libreria: cominciavano all'ingresso dove ce n'erano una quantità, nascosti dietro certe tende verdi, e continuavano per tutta la casa, corridoi, stanze, ripostigli: soltanto nel bagno e in cucina non ce n'erano. Libri che lui se li teneva come la rosa al naso e guai a chi glieli toccava; libri che pareva impossibile che potesse averli letti tutti. Eppure, come diciamo noi in Ciociaria, non si attrippava mai, e quando non insegnava o dava lezioni in casa o spiegava le rovine, se ne andava ai mercatini di libri usati a frugare per i carrettini e poi rincasava sempre con un pacco di libri sotto il braccio. Faceva collezione, insomma, come i ragazzini fanno collezione di francobolli. Perché, poi, si fosse intignato a volere per cameriera una ragazza del mio paese, per me era un mistero. Diceva che erano più oneste e non avevano grilli per la testa. Diceva che a lui le contadine gli mettevano allegria con quelle belle guance di mele rosse. Diceva che cucinavano bene. Insomma, siccome non passava giorno che non si affacciasse in portineria, sempre insistendo con la ragazza ciociara e analfabeta, scrissi al paese, al comparetto, e lui mi rispose che ci aveva appunto quello che ci voleva: una ragazza delle parti di

Vallecorsa che si chiamava Tuda, che non aveva compiuto ancora venti anni. Però, mi diceva il compare nella lettera, Tuda aveva un difetto: non sapeva né leggere né scrivere. Ma io gli risposi che questo, appunto, voleva il professore: un'analfabeta.

Tuda arrivò una sera a Roma insieme con il comparetto e io andai a prenderla alla stazione. Al primo sguardo, capii che era di buona razza ciociara, proprio di quelle che sono capaci di zappare per una giornata filata senza rifiatare, oppure di portare sulla testa, per i sentieri di montagna, un cesto del peso di mezzo quintale. Ci aveva le guance rosse che piacevano al professore, la treccia arrotolata intorno la testa, le sopracciglia nere, unite che le sbarravano la fronte, il viso tondo e, quando rideva, mostrava i dentini bianchi, stretti stretti, che le donne, in Ciociaria, si puliscono strofinandoci una foglia di malva. Non era vestita da ciociara, è vero, ma aveva il passo della ciociara che è abituata a poggiare la pianta del piede in terra, senza tacchi, e aveva quei polpacci muscolosi che sono tanto belli con le cinghie delle cioce arrotolate intorno. Portava sotto il braccio un panierino, e mi disse che era per me: una dozzina di uova di giornata, nella paglia, ricoperte di foglie di fico. Le dissi che era meglio che le desse al professore, per fare buona impressione; ma lei rispose che non aveva pensato al professore, perché, trattandosi di un signore, ci doveva di certo avere il pollaio in casa. Mi misi a ridere e, così, da una domanda all'altra, mentre in tram andavamo verso casa, capii che era proprio una selvaggia: non aveva mai visto un treno, un tram, una casa di sei piani. Insomma, analfabeta, come voleva il professore.

Arrivammo a casa e io prima la portai in portineria per presentarla a mia moglie; e poi, su, con l'ascensore, all'appartamento del professore. Venne lui ad aprire, perché non aveva servitù ed era mia moglie che di solito gli faceva le pulizie e quel po' di cucina. Tuda, come entrammo, gli mise il panierino in mano dicendo: «Tie', professore, prendi, t'ho portato l'ova fresche». Io le dissi: «Non si dà del tu al professore...»; ma il professore invece l'incoraggiò, dicendo: «Dammi pure del tu, figliola...»; e mi spiegò che quel tu lì era il tu romano, degli antichi romani, che anche loro, come i ciociari, non conoscevano il lei e trattavano la gente alla buona, come se fosse stata tutta una famiglia. Il professore, poi, portò Tuda nella cucina che era grande, con il fornello a gas, le pentole di alluminio e, insomma, tutto il necessario, e le spiegò come funzionava. Tuda ascoltò ogni cosa, zitta e seria. Finalmente, con quella sua voce sonora, disse: «Ma io non so cucinare».

Il professore, sorpreso, disse: «Ma come?... mi avevano detto che sapevi cucinare».

Lei disse: «Al paese lavoravo... zappavo. Cucinavamo sì, ma tanto per mangiare... una cucina come questa non ce l'ho mai avuta».

«E dove cucinavi?»

«Nella capanna».

«Beh», fece il professore tirandosi il pizzo, «anche noi qui cuciniamo tanto per mangiare... mettiamo che tu debba cucinarmi un pranzo tanto per mangiare... che faresti?».

Lei sorrise e disse: «Ti farei la pasta coi fagiuoli... poi ti bevi un bicchiere di vino... e poi magari qualche noce, qualche fico secco».

«Tutto qui... niente secondo?».

«Come, secondo?».

«Dico niente secondo piatto, pesce, carne?».

Questa volta lei si mise a ridere di gusto: «Ma quando ti sei mangiato un piatto di pasta e fagiuoli col pane, non ti basta?... che vuoi di più?... io con un piatto di pasta e fagiuoli e il pane ci zappavo tutto il giorno... tu mica lavori».

«Studio, scrivo, lavoro anch'io».

«Beh, studierai... ma il lavoro vero lo facciamo noi».

Insomma, non voleva convincersi che ci voleva, come diceva

il professore, un «secondo». Finalmente, dopo molte discussioni, fu deciso che mia moglie per qualche tempo sarebbe venuta in cucina per insegnare a Tuda. Passammo, quindi, nella camera da letto della cameriera che era una bella camera che dava sul cortile, con un letto, un comò e un armadio. Lei disse subito, guardandosi intorno: «Dormirò sola?».

«E con chi vuoi dormire?».

«Al paese, dormivamo in cinque nella stanza».

«È tutta per te».

Alla fine me ne andai dopo averle raccomandato di stare attenta e di lavorare bene perché ero responsabile così davanti al professore come al comparetto che me l'aveva mandata. Uscendo, udii il professore che le spiegava: «Guarda che tutti questi libri devi spolverarmeli ogni giorno con il piumino e lo straccio». Lei, allora, domandò: «Che te ne fai di tutti questi libri... a che ti servono?». E lui rispose: «Per me sono come la zappa per te, al paese... ci lavoro». E lei: «Sì, ma io di zappa ne ho una sola».

Dopo quel giorno il professore ogni tanto, passando in portineria, mi dava notizie di Tuda. Non era più tanto contento il professore, per dire la verità. Un giorno mi disse: «È rustica, proprio rustica... lo sa che mi ha fatto ieri? Ha preso un foglio scritto sul mio tavolo, il tema di un alunno, e se ne è servita per turarci i fiaschi del vino». Dissi: «Professore, io l'avevo avvertito... roba di campagna». «Sì, però» concluse lui «è una cara figliola... buona, servizievole... proprio una cara figliola».

La cara figliola, come la chiamava lui, ci mise poco tempo a diventare una ragazza come tutte le altre. Cominciò, appena ebbe lo stipendio, col farsi il vestitino a due pezzi, che sembrava proprio una signorina. Poi si comprò le scarpette con il tacco alto. Poi la borsetta di finto coccodrillo. Si fece anche tagliare la treccia, un vero peccato. Continuava sì, ad avere le guance rosse come due mele, quelle non le sarebbero diventate così presto pallide come alle altre ragazze nate in città, ma proprio quelle piacevano e non soltanto al professore. La prima volta che la vidi con quel disgraziato di Mario, l'autista della signora del terzo piano, le dissi: «Guarda che quello non fa per te... le cose che dice a te, le dice a tutte». Lei rispose: «Ieri mi ha portato in macchina a Monte Mario». «Beh, e allora?». «È bello andare in macchina... e poi guarda cosa mi ha dato». E mi mostrò una spilla di metallo bianco, con un elefantino, di quelle che vendono i merciai a Campo di Fiori. Io le dissi: «Sei un'ignorante e non capisci che quello ti porta per il naso... intanto non dovrebbe andare in macchina per conto suo, con te... se la signora lo viene a sapere, sente lui... e poi sta' attenta... te lo dico ancora una volta, sta' attenta». Ma lei sorrise e poi continuò a uscire con Mario.

Passarono un paio di settimane, il professore un giorno si affacciò in portineria, mi chiamò da parte e mi domandò abbassando la voce: «Senta un po', Giovanni... quella ragazza è onesta?». Dissi: «Questo sì, professore, ignorante ma onesta». «Sarà», fece lui poco persuaso, «ma mi sono scomparsi cinque libri di valore... non vorrei...». Protestai ancora una volta che non poteva essere stata Tuda e che, lui, i libri li avrebbe ritrovati di certo. Ma rimasi impensierito, lo confesso, e decisi di tenere gli occhi bene aperti. Una sera, qualche giorno dopo, vedo Tuda entrare nell'ascensore insieme con Mario. Lui disse che doveva andare al terzo piano, per prendere ordini dalla signora, che era una bugia, perché la signora era già uscita da più di un'ora e lui lo sapeva. Li lasciai andare su, e poi presi l'ascensore, salii e andai dritto all'appartamento del professore. Per una combinazione, avevano lasciato la porta socchiusa, entrai, passai per il corridoio, sentii che loro due parlavano nello studio e capii che non mi ero sbagliato. Pian piano mi affacciai alla porta, e cosa vidi? Mario, salito in piedi su una seggiola, che si spenzolava contro la libreria, tendendo la mano verso una fila di libri che stava sotto il soffitto; e lei, la santarella dalle guance rosse, che gli reggeva la seggiola e diceva: «Quello lassù... quello bello grosso... quello bello grosso rilegato in pelle».

Dissi, allora, uscendo fuori: «Ma brava... ma bravi... vi ho presi... bravi... e il professore che me l'aveva detto e io che non ci credevo... bravissimi».

Avete mai visto un gatto se gli tirate una secchiata d'acqua dalla finestra? Così lui, a sentir la mia voce, saltò giù e scappò via, lasciandomi solo con Tuda. Io, allora, gliene dissi tante e tante che un'altra, per lo meno, sarebbe scoppiata in pianto. Ma sì, con le ciociare è un'altra cosa. Mi ascoltò a testa bassa, senza parlare; poi levò gli occhi, asciutti, e disse: «E chi gli ha rubato? I soldi che mi avanzano dalla spesa glieli riporto sempre tutti quanti... mica faccio come certe cuoche che fanno pagare ogni cosa il doppio».

«Disgraziata... e tu non rubi i libri?... E questo non si chiama rubare?».

«Ma ne ha tanti, lui, di libri».

«Tanti o pochi, tu non devi toccarli... e sta' attenta... chè, se ti ripiglio, te ne torni al paese, dritta come un fuso».

Lì per lì, testona, non volle darmi ragione né ammettere, neppure un momento solo, di aver rubato. Ma qualche giorno dopo, eccola che entra in portineria, con un pacco sotto il braccio: «Eccoli, i libri del professore... mo' glieli riporto e così non potrà più lagnarsi».

Le dissi che aveva fatto bene e pensai dentro di me che, dopo tutto, era una buona ragazza e che la colpa era tutta di Mario. L'accompagnai in ascensore e poi entrai con lei in casa, per aiutarla a rimettere a posto i libri. Proprio in quel momento, mentre stavamo aprendo il pacco, ecco arriva il professore.

Dissi: «Professore... ecco i suoi libri... Tuda li ha ritrovati... li aveva prestati a un'amica per guardare le figure».

«Bene, bene... non parliamone più».

Con tutto il cappotto addosso e il cappello in testa, lui si avventò sui libri, ne prese uno, l'aprì e poi diede un grido: «Ma questi non sono i miei libri».

«Come sarebbe a dire?».

«Erano libri di archeologia», continuò lui sfogliando febbrilmente gli altri volumi, «e questi invece sono cinque volumi, per giunta scompagnati, di diritto».

Dissi a Tuda: «Ma si può sapere che hai fatto?».

Questa volta lei protestò, con forza: «Cinque libri avevo preso... e cinque ne ho riportati... che volete da me?... li ho pagati cari... più di quanto mi avessero dato quando li ho venduti».

Il professore era così stupefatto che guardò me e Tuda a bocca aperta, senza dir parola. Lei continuò: «Guarda... sono le stesse rilegature... anche più belle... guarda... e anche il peso è lo stesso... me li hanno pesati... sono quattro chili e seicento... come quelli tuoi».

Questa volta il professore si mise a ridere, seppure di un riso amaro: «Ma i libri non vanno a peso come la vitella... ogni libro è diverso dall'altro... che me ne faccio di questi libri?... Non capisci?... Ogni libro contiene cose diverse... di autore diverso...».

Vaglielo a far capire. Ripeté, ostinata: «Cinque erano e cinque sono... rilegati erano e rilegati sono... io non so nulla».

Insomma, il professore la rimandò in cucina, dicendole: «Va' a cucinare... basta... non voglio farmi cattivo sangue». Poi, quando se ne fu andata, disse: «Mi dispiace... è una cara figliola... ma troppo rustica».

«L'ha voluta lei, professore».

«Mea culpa», disse lui.

Tuda restò col professore ancora il tempo per cercarsi un altro posto. Lo trovò, come sguattera, in una latteria del quartiere. Qualche volta viene a trovarci in portineria. Del fatto dei libri, non parliamo. Ma mi dice che sta imparando a leggere e a scrivere.

Faccia di mascalzone

Non ricevo mai pacchi, ma uno di questi giorni voglio spedirmene uno per prendermi il gusto di andare alla posta, all'ufficio pacchi e ritirare il pacco. Perché lì, in quell'ufficio così brutto e così vecchio, tra le cataste di pacchi di ogni peso e di ogni genere, le macchie d'inchiostro, l'odore di chiuso e di segatura bagnata, lì, dico, è cominciata la mia fortuna. Non grande fortuna, intendiamoci, ma sempre meglio che distribuire pacchi.

Chissà se Valentina è ancora là, nel suo grembiale nero, coi capelli castani ondulati sparsi sulle spalle come quelli delle bambine nei collegi a semiconvitto, gli occhi che sembrano due stelle tranquille, il viso palliduccio e tondo che il nero del grembiale sbatte e rende quasi livido? Con tutta la sua dolcezza, io so che Valentina è orgogliosa e, probabilmente, vedendomi apparire allo sportello, fingerebbe di non riconoscermi e si limiterebbe a porgermi lo scartafaccio delle ricevute, tutto strappato e macchiato, e a dirmi, indicandomi il punto con il suo dito rosa di ragazza seria che non si tinge le unghie: «Firmi qui». E poi mi butterebbe il pacco in faccia, senza neppure guardarmi; e se ne andrebbe nel retrobottega, tra gli scaffali pieni di pacchi, a leggersi uno dei suoi tanti giornaletti cinematografici.

Eppure la mia fortuna, come ho detto, è cominciata proprio in quell'ufficio; e per essere più precisi è cominciata proprio da Valentina; o per meglio dire dalla sua passione per il cinema. In quell'ufficio, io brutto e con la faccia tutta nera e storta, non pensavo che a distribuire pacchi, contento di farlo, dopo qualche anno di disoccupazione. Ma Valentina, con la sua faccia bella, non era contenta e pensava al cinema. Perché ci pensasse, non lo so; forse perché ci andava spesso; e c'è gente a cui basta andare al cinema per illudersi di poterne fare. Ma era fissata; e tra noi due non si parlò mai non dico di volersi bene, quantunque fossi un po' innamorato di lei e gliel'avessi anche detto, ma neppure di uscire insieme, foss'anche per sedersi in un caffè. Ci guardava dall'alto in basso tutti quanti, nell'ufficio, Valentina; e preferiva star sola piuttosto che farsi vedere in giro con noialtri, gente da poco. A me, poi, me lo disse un giorno, senza tanti complimenti: «Renato, con te non voglio uscire, perché ci hai una faccia troppo brutta».

«Ma quale faccia brutta?».

«Non ti offendere, lo so che sei una brava persona, ma hai la faccia, scusami, proprio del mascalzone».

Uno di quei giorni si affacciò allo sportello una testolina bionda, azzimata, con una cravatta a farfalla sotto il mento. Valentina prese la bolletta e si avviò pian piano verso gli scaffali. Ma quel giovanotto, ad un tratto, la richiamò: «Signorina».

Lei si voltò subito. «Signorina», disse quello, «nessuno le ha mai detto che potrebbe fare del cinema?».

Stavo in un canto, osservando, e vidi Valentina diventar rossa fino ai capelli: per la prima volta in vita sua era colorita: «No, nessuno, perché?».

«Perché», disse quello sempre con la stessa leggerezza, «lei ci ha una gran bella faccia».

«Grazie», balbettò Valentina, ritta nel mezzo dell'ufficio, le mani riunite davanti. Ma il giovanotto, adesso, non pareva avere più niente da dire. Guardò ancora ben bene, un lungo momento, Valentina e poi riprese: «Beh, intanto, vada a prendermi quel pacco».

Lei ubbidì e io, senza parer di nulla, le andai dietro e la raggiunsi mentre, con mani tremanti, spostava i pacchi negli scaffali. Mi avvicinai e le sussurrai: «Mica gli crederai a quel bulletto?».

Valentina, anche lei sussurrando, mi rispose: «Lasciami perdere».

«Allora tu gli credi?».

«Lasciami perdere, ti ho detto».

Poi trovò il pacco e lo portò al giovanotto che, intanto, aveva cavato la stilografica e aveva scritto qualche cosa su un biglietto. Lui ritirò il pacco e le diede il biglietto dicendo: «Venga martedì a quest'indirizzo, agli studi... abbiamo bisogno proprio di una faccia come la sua... domandi di me». Più morta che viva, Valentina si mise il biglietto nella tasca del grembiale e quello se ne andò.

Ho detto che Valentina non aveva mai voluto accettare i miei inviti. Ma quando venne il momento di recarsi agli studi, fu proprio a me che lei ricorse. «Accompagnami», disse la sera prima, «da sola non me la sento». Ancora oggi non so perché mi domandò di accompagnarla: forse per timidezza, perché era molto timida; o forse, sia pure senza rendersene conto, per sfregio, per farmi assistere al suo trionfo.

Martedì, all'appuntamento a piazzale Flaminio, Valentina si presentò tutta vestita come per la festa: un bel cappotto nuovo di lana blu, calze di seta, scarpe coi fiocchetti e, nella mano, un ombrellino rosso, anch'esso col fiocco. Il quarto fiocco se l'era annodato in cima alla testa, sui capelli che, al solito, portava sciolti per le spalle. Dico la verità, vedendola così bellina, con quei suoi occhi dolci simili a due stelle, non potei fare a meno di provare un sentimento di affetto: «Sta' tranquilla», le dissi, «ti prendono sicuro... all'ufficio non ti rivediamo più».

Gli studi erano sotto Monte Mario, in cima a una straduccia erbosa di campagna tutta allagata dal cattivo tempo. Percorremmo quel sentiero saltando da una pozza all'altra, in fondo si vedeva il muro di cinta e il cancello e i tetti dei capannoni degli studi che spuntavano al di sopra del muro. Il guardiano, aprendoci, disse non so che cosa; ma noi, intimiditi, non avemmo il coraggio di insistere e ci addentrammo nello spiazzo, sebbene non sapessimo dove avevamo da andare. Lo spiazzo era molto vasto, con tante macchine allineate per ogni lato, e c'erano gruppi di persone che passeggiavano per lo spiazzo e alcuni erano come noi, e altri invece erano vestiti in maniere buffe e avevano le facce tinte di color mattone. Io dissi allora a Valentina: «Quelli sono attori... presto anche tu passeggerai con quella tintarella sulla faccia».

Valentina non parlava, dalla gioia e dalla compunzione le era andata via la parola. Non sapevamo dove fossero gli studi, ma poi vedemmo certi numeri sulle porte dei capannoni e io, a caso, mi avvicinai a una di quelle porte, afferrai la maniglia e l'aprii: era una porta materassata, pesante quanto quella di una cassaforte. Entrai e Valentina mi venne dietro in punta di piedi. Adesso eravamo dentro lo studio, e si stava quasi al buio, salvo in un punto in cui una lampada illuminava una costruzione bassa, che pareva di cartapesta, con un mezzo tetto di tegole sopra un mezzo muro di mattoni, con una mezza porta e, attraverso la mezza porta, una mezza stanza, con una mezza parete e un mezzo letto. Una donna mezza nuda stava sdraiata sul letto e un fascio di luce bianca l'investiva e la donna si torceva le mani e un uomo le stava addosso, con il pugno alzato e un ginocchio sul letto. Dissi sottovoce a Valentina: «Vedi, recitano»; e in quello stesso momento un urlo: «silenzio», mi fece fare un salto e mi sembrò che l'avessero detto a me. Ci avvicinammo e, allora, dietro a quel mezzo letto, scoprimmo la macchina da presa, con tanta gente raggruppata intorno; e altri stavano appollaiati su su, nel buio del capannone, come tante cornacchie;

e quella povera attrice mezza nuda adesso doveva ricominciare a torcersi le mani e lui doveva ricominciare ad alzare il pugno. Poi un tale tirò fuori due pezzi di legno e li sbatté con un suono di nacchere e ci fu un altro urlaccio di silenzio e poi incominciò il ronzìo della macchina da presa che filava, filava, e intanto l'attrice si torceva le mani sul letto e l'attore le dava finalmente quel pugno, ma sul serio, tanto che lei ebbe un gemito che secondo me non era finto. Così mi apparve lo studio la prima volta che ci entrai. E così dovette apparire a Valentina, poveretta, che l'aveva tante volte sognato e mai veduto.

Poi, al grido di «basta» il ronzìo cessò, l'attrice si levò dal letto, le lampade si spensero e tutti si mossero e circolarono. Capii che era il momento buono, mi avvicinai ad un macchinista e gli domandai: «Per favore, il signor Zangarini».

«E chi è Zangarini?» domandò quello, da vero ignorante.

Rimasi smarrito. Per fortuna, un altro macchinista, più gentile, intervenne: «Zangarini... ma non è qui... è al teatro numero tre».

Uscimmo in fretta e, attraverso lo spiazzo, ci dirigemmo al teatro numero tre. Riaprimmo una di quelle porte così pesanti, entrammo in un capannone molto simile al primo. Ma qui non si girava: c'era molta luce e si vedevano parecchie persone che discutevano. Ci avvicinammo, ma non troppo, perché eravamo intimiditi e quelli facevano degli urli da belve e parevano arrabbiati sul serio. Uno magro come un chiodo, con gli occhiali cerchiati di tartaruga e un paio di baffoni neri che gli ballavano sui denti bianchi, urlava dimenandosi: «Non va, non va, non va». E Zangarini, proprio lui, domandava: «Ma perché non va?».

L'uomo coi baffoni rispondeva, sempre urlando: «Ma perché è troppo buono... perché ci ha la faccia del buonuomo... e io invece voglio una faccia di delinquente, di teppista, di barabba».

«Prendi Proietti, allora».

«Ma no, ma no, anche lui è troppo buono... è una pasta, un pacioccone... non va, non va».

«Prendi Serafini».

«Ma non va, non va... Serafini non è buono, è un angelo, anzi un serafino... chi gli crede se fa il cattivo?... chi gli crede?».

Capii che eravamo capitati male, ma tant'era: oramai eravamo nel ballo e dovevamo ballare. Colsi un momento che il regista, sempre smaniando e urlando, si era allontanato, mi avvicinai a Zangarini e gli dissi sottovoce: «Signor Zangarini, siamo venuti».

«Chi, siamo?» domandò lui con voce stizzita.

«La signorina Valentina», risposi facendomi da parte. Valentina si avanzò e fece un piccolo inchino. «La signorina dell'ufficio pacchi... lei le aveva detto di venire».

Zangarini doveva essersi dimenticato di ogni cosa. Poi guardò Valentina, parve ricordarsi e disse, sforzandosi di far la voce gentile: «Mi dispiace, signorina, ma non c'è nulla da fare per lei».

«Ma come, venerdì lei aveva detto che c'era bisogno di una ragazza proprio come questa».

«C'era... ma adesso non più: l'abbiamo trovata».

«Ma dica», feci scaldandomi, «questa non è la maniera... farci venire qui e poi dirci che ne avete trovata un'altra».

«E che posso farci io?».

Stavo per rispondergli proprio male, quando ad un tratto, scoppiò un urlo: «È lui... è lui... eccolo quello che ci vuole».

Era il regista che mi stava addosso, puntandomi in petto l'indice, con occhi fiammeggianti. Domandai, imbarazzato: «Ma chi, lui?». E il regista: «Lei è un mascalzone, uno sfruttatore di donne, un teppista, un magnaccia, nevvero?... dica, lei è un mascalzone?».

«Guardi come parla», risposi offeso, «sono un funzionario statale... mi chiamo Renato Parigini».

«No, lei è il mascalzone di cui avevamo bisogno, lei, con quella faccia lì, è proprio il mascalzone che cercavo... lei è il mascalzone».

Insomma, per farla breve, Zangarini intervenne e mi spiegò che stavano appunto cercando una faccia di mascalzone per una particina di contorno; che la faccia mia faceva proprio al caso loro; e così, se volevo, potevo passare quel giorno stesso per il provino. E Valentina? «No, niente da fare, ne abbiamo quante ne vogliamo», urlò il regista al colmo dell'entusiasmo. Ma poi, vedendo che Valentina aveva gli occhi pieni di lagrime, si corresse e soggiunse con voce affettuosa: «Signorina, oggi avevamo bisogno di una faccia di mascalzone e l'abbiamo trovata... quando avremo bisogno di una faccia di angelo, penseremo a lei».

Così, ce ne andammo. Ma appena fuori degli studi, nel sentiero erboso, Valentina si staccò da me e non disse più parola. Alla fermata del tram, sulla pedana, c'era la solita folla e lei si guardò intorno smarrita. Dovette sembrarle un'umiliazione di prendere il tram, da poveretta, dopo aver sognato la ricchezza, perché, improvvisamente, disse: «Ciao, Renato... prendo un tassì perché ho fretta... non ti dico di venire perché abitiamo in due parti opposte». E senza lasciarmi il tempo di rifiatare, si allontanò, con tutti i suoi fiocchetti, attraverso la strada allagata, verso i tassì.

Non l'ho più rivista perché il giorno dopo non andai all'ufficio e feci il provino e questo provino andò bene e cominciai a lavorare negli studi e da allora, più o meno, non ho mai smesso. Sono specializzato in particine di sfondo, anche mute, di teppista, sfruttatore di donne, baro, ladruncolo, e simili. Da ultimo ho saputo da un antico compagno dell'ufficio pacchi che ho incontrato per strada, che Valentina si è fidanzata con un impiegato del fermo posta, quattro sportelli più in là del suo.

La raccomandazione

Disoccupato e sfinito, indossando, sotto l'unica giubba, l'unica camicia e l'unica cravatta, quella inamidata dal sudore, questa ridotta ad una corda, la testa piena di nebbia e le grinze della pancia che mi giocavano a tressette, pensai bene di consultarmi con un amico mio al quale per giunta ero legato dal San Giovanni perché, tempo addietro, gli avevo tenuto a battesimo un figlio. Quest'amico, anzi compare, si chiamava Pollastrini ed era autista presso due vecchie signorine che avevano una macchina più vecchia di loro e se ne servivano sì e no due volte alla settimana: un posto ideale. Lo trovai al garage, che rimestava nel cofano; come mi vide, subito comprese dalla mia faccia che stavo male e, prim'ancora che parlassi, mi diede una sigaretta. L'accesi con mano tremante e gli spiegai la cosa. Lui si grattò la testa, perplesso, e poi rispose: «San Giovanni non vuol inganni... siccome io e te siamo San Giovanni, ti dico subito la verità; è un momento brutto, non c'è lavoro e meno ce ne sarà in futuro; qui si parla che se continua questa bella abitudine che ha la gente di guidarsi la macchina da sé, la categoria degli autisti padronali dovrà scomparire... però, io sai che faccio? ti mando dall'avvocato Moglie, che a suo tempo fu tanto buono con me». Aggiunse che questo Moglie conosceva mezza Roma, che, se poteva, un favore lo faceva e che, insomma, da cosa nasce cosa. Così dicendo, intanto era andato alla cabina telefonica del garage e lì telefonò all'avvocato. Non doveva ricordarselo bene Pollastrini, Moglie, perché la telefonata fu lunga ed insistente. Però, alla fine, Pollastrini mi disse che andassi pure: Moglie mi aspettava. Mi diede un'altra sigaretta, io lo ringraziai e me ne andai.

Era ancora presto ma già faceva quel caldo speciale dell'estate che i romani chiamano callaccia e che è il caldo tenuto a bollore dal sole nel cielo annebbiato di caldo dei giorni di scirocco. Il tram della circolare apparve, ai miei occhi di disoccupato, circonfuso di sole e di polvere come le trebbiatrici nei campi al momento della mietitura; pieno zeppo dentro e con la gente appesa fuori sui predellini. Mi attaccai anch'io e toccai senza volerlo il fianco di metallo del carrozzone: scottava. Così appeso, mi feci tutti i Lungotevere fino a piazza Cavour, l'avvocato abitava a via Pierluigi da Palestrina. Arrivo, smonto, corro, salgo otto capi di scala in un palazzo signorile, suono, una cameriera mi fa entrare in una anticamera grande e bella, con due specchi incorniciati d'oro e due consolle di marmo giallo. Aspettai in piedi: ad un tratto una porta laterale si aprì, un bambino piccolo su un triciclo ne sbucò pedalando, mi girò intorno come se fossi stato una guardia in mezzo ad un crocicchio e poi scomparve per un'altra porta.

Subito dopo l'avvocato si affacciò e mi invitò ad entrare dicendo: «Sei fortunato, mi hai preso in tempo, stavo per andare in Tribunale». Andò, in una grande stanza piena di scaffali pieni di libri, ad un tavolo che era tutto un arruffio di carte e ci sedette, quasi scomparendo: era un uomo piccolo, con la faccia larga e gialla, e gli occhi neri come il carbone. Disse scartabellando non so che scartafaccio: «Dunque, tu ti chiami Rondinelli Luigi». Protestai con vivacità: «No, mi chiamo Cesarano Alfredo... ha telefonato per me Pollastrini... per una raccomandazione». «E chi è Pollastrini?». Mi si annebbiò la vista e risposi con un fil di voce: «Pollastrini Giuseppe... l'autista delle signorine Condorelli».

L'avvocato si mise a ridere, con un riso, per la verità, gentile, e disse: «Ma sì, certo... devi aver pazienza... lui ha telefonato e io gli ho parlato... tutto vero... ma sai com'è?... stavo compulsando certe carte e gli ho parlato e risposto con la mente ad altro, così che, quando ho buttato giù il telefono, mi sono domandato: ma chi era? che ha detto? che gli ho risposto? Ora tu sciogli il mistero. Dunque, se ben ricordo, Cesarano, tu vuoi una raccomandazione per diventare giardiniere al Comune?» Protestai di nuovo: «No, avvocato, sono autista, cerco un posto di autista.» Lui disse, come se non mi avesse udito: «Sai che dico a chi mi chiede un posto? un milione, un assegno di un milione posso ancora procurarvelo, ma un posto no... giardiniere al Comune: è una parola.» Dissi di nuovo, con forza: «Avvocato, sono autista... cerco un posto di autista»; e questa volta lui intese e confermò, con un po' d'impazienza: «Autista, sì, che diamine, ho capito». Chinò la testa, scrisse in gran fretta qualche cosa, poi prese un'agenda, cercò, come mi parve, un indirizzo, scrisse ancora e finalmente mi diede una busta dicendo: «Tieni, va' con questa lettera dall'avvocato Scardamazzi, lui qualche cosa potrà fare di certo per te... e prendi, intanto, ti faranno comodo». Tolse dal portafogli un biglietto da cinquecento e me lo diede. Protestai, per la forma, che non li volevo; quindi accettai, feci un inchino ed uscii.

L'ufficio dell'avvocato Scardamazzi era negli edifici del Comune, all'Anagrafe, a Via del Mare. Mi parve strano, ma insomma quello era l'indirizzo scritto sulla busta. Ripresi, dunque, la circolare, appeso come prima al predellino, con un raggio di sole che mi seguì per tutto il percorso, bruciandomi le spalle, peggio di un riflettore. Smontai a Bocca della Verità, entrai nell'Anagrafe. Per le anticamere e per le scale c'era una folla da non si dire, tutta povera gente trafelata che andava di qua e di là, ciascuno con un foglio di carta o due in mano, come anime in pena. Salii due o tre capi di scala, sempre domandando di Scardamazzi; nei corridoi, davanti ad ogni porta, c'era una piccola folla e queste piccole folle puzzavano di sudore e sembravano sciogliersi nelle facce come candele. Finalmente un usciere mi indicò l'ufficio che cercavo e per una combinazione nessuno aspettava, così che entrai difilato. Scardamazzi era un giovanotto con le lenti cerchiate di nero, i baffi neri, i capelli a spazzola, in maniche di camicia bianca legate con gli elastici.

Mi ascoltò fumando e poi osservò: «Peccato, però, che io non lo conosca affatto quest'avvocato Moglie... tra l'altro io non sono avvocato ma ragioniere e mi chiamo Giovanni e non Rodolfo... tutto quello che posso fare per lei è mandarla dal mio collega Merluzzi... forse lui ne sa qualche cosa». Prese il telefono e fece subito una telefonata molto lunga. Cominciò domandando se quella tale era ricicciata, disse proprio questa parola: ricicciata; l'altro dovette rispondergli che non era ricicciata, perché Scardamazzi ci rimase male e disse che non capiva: lui l'aveva vista e lei gli aveva promesso di farsi viva e così via. Finalmente, secco secco, aggiunse che gli mandava un certo Cesarano Alfredo e buttò giù, avvertendomi: «Vacci subito... si chiama Merluzzi».

Uscii per andare a cercare questo Merluzzi, ma subito capii che non sarebbe stato facile trovarlo. Gli uscieri non lo conoscevano, e ci fu persino uno che mi disse, da vero ignorante: «I merluzzi li trovi al mercatino del pesce». Girando da un piano all'altro, da un corridoio all'altro ricordai ad un tratto che l'avvocato Moglie l'indirizzo di Scardamazzi l'aveva cercato in una sua agenda e capii che, nella fretta, lui non si era reso conto di scrivere un indirizzo per un altro. Non mi sbagliavo: ad un telefono pubblico, l'elenco mi rivelò che l'avvocato Scardamazzi abitava in realtà a via Quintino Sella, all'altro capo della città. Ci andai.

L'avvocato aveva l'ufficio al terzo piano di un palazzone vecchio e brutto. Odore di cavolo per le scale, afa e buio nell'anticamera, gente afflitta in gran numero che aspettava, ammucchiata sui divani. Aspettai anch'io, forse un'ora, mentre quelle ombre che aspettavano con me entravano, uscivano, scomparivano via via. Finalmente fu la mia volta. Lo studio dell'avvocato aveva la specialità dei mobili neri d'ebano con le incrostazioni d'osso; in un angolo c'era un'aquila impagliata con le ali aperte. L'avvocato stava seduto in ombra, ad un tavolone pieno di carte e di telefoni, sotto un quadro che rappresentava una ciociara in costume, sorridente e con le mani piene di fiori. L'avvocato Scardamazzi era molto diverso dal ragioniere Scardamazzi. Era un omaccione che sembrava un facchino, con una faccia grossa, gli occhi loschi e il naso a becco. Aveva una voce rimbombante e affettuosa ma fredda: l'affettuosità dei romani che non significa niente. Disse, dopo aver gettato un'occhiata alla lettera: «Siamo disoccupati, eh... cocco mio, farò per te quello che posso... siediti intanto e abbi pazienza per un momento».

Sedetti e lui subito si attaccò al telefono e impegnò una conversazione molto fitta: qualcuno all'altro capo diceva non so che e lui rispondeva invariabilmente: «Uno e mezzo o niente». L'altro insisteva, ma Scardamazzi, duro, ripeteva: «Uno e mezzo o niente». Finalmente Scardamazzi disse, calcando sulle parole: «E digli a quel farabutto che io sono un tipo da spiaggia... hai capito?... digli precisamente così: Scardamazzi è un tipo da spiaggia». Finita questa telefonata, lui ne fece un'altra, tutta diversa però, persino con un accento diverso: la prima l'aveva fatta con l'accento romano, anzi trasteverino; ora, chissà perché, sfoderava un accento quasi del nord, parlando tutto mellifluo e premuroso: «Dottore, siamo intesi... io mi rendo reperibile dalle cinque alle otto... lei venga quando vuole... non dubiti... ossequi, ossequi alla signora». Finalmente buttò giù il ricevitore, mi guardò brutto, con quei suoi occhiacci loschi e domandò: «E tu che vuoi?». «La lettera...» incominciai. «Ah sì, la lettera... naturalmente... ma dove diavolo è andata a cacciarsi?» Cercò a lungo, mettendo le mani tra le carte e rivoltandole sottosopra e poi, alla fine, esclamò: «Eccola... qui non si perde niente... tutto sta a cercare». La rilesse, aggrottando la fronte e poi, presa la penna, buttò giù rapidamente poche parole su un foglio di carta, lo mise in una busta e me la tese: «Va' a quest'indirizzo... a quest'ora lo trovi... auguri». Io mi ero levato in piedi. Presi la busta, la misi in tasca e uscii.

Quando fui fuori, cavai di tasca la busta per veder l'indirizzo. Rimasi a bocca aperta leggendo: «Avvocato Mauro Moglie, via Pierluigi da Palestrina 20». Dunque, come nel gioco dell'Oca, quando si sbaglia il colpo e, per punizione, si torna indietro, dopo aver girato mezza Roma io tornavo da Moglie che era stato il primo da cui ero andato; dunque, tutto quel gran correre e sudare in circolare e in autobus, a stomaco vuoto, non era servito a nulla. Pensai che l'avvocato Scardamazzi aveva letto un'altra lettera di raccomandazione, tra le tante che riceveva, e senza ricordarsi affatto della prima lettera che aveva pure letto, mi aveva mandato da Moglie, il quale, a sua volta, mi aveva mandato da lui. Proprio come nel gioco dell'Oca; ma in punizione di che? Ero tanto sbalordito, disperato e per giunta affamato che non seppi trovar di meglio da fare che riprendere l'autobus e ritornare a via Pierluigi da Palestrina.

Aspettai un bel po' nell'anticamera che adesso era piena di un buon odor di cucina; mi parve anche di udire un rumore di piatti e di posate; ma forse era un'immaginazione dell'appetito. Il solito bambino sul triciclo sbucò improvvisamente da una porta, mi girò intorno pedalando e scomparve per un'altra porta. Finalmente l'avvocato in persona mi fece cenno di entrare. Lo studio adesso era in penombra, con le persiane delle finestre accostate; e sulla spalliera di un divano, in un angolo, c'era un guanciale: l'avvocato, che era in vestaglia, aveva pranzato, e ora si apprestava a prendersi un po' di riposo. Però andò al tavolo e, standò in piedi, lesse la lettera e poi disse: «Conosco l'avvocato Scardamazzi... è un mio caro amico... dunque tu ti chiami Francesetti e vorresti un posto di usciere al Tribunale... insomma: la solita raccomandazione, eh?»

Questa volta, mi sembrò davvero che la testa mi girasse, ma forse era la fame e la stanchezza di quella mattinata. Dissi con voce esile: «Avvocato, io non mi chiamo Francesetti e non voglio un posto di usciere... il mio nome è Cesarano Alfredo e sono autista».

«Ma qui c'è scritto Francesetti e si dice che vuoi un posto di usciere... che pasticci sono questi?»

Allora con uno sforzo supremo, tutto in un fiato, come un lamento, dissi: «Avvocato, il mio nome è Cesarano Alfredo e faccio l'autista... stamattina feci telefonare a lei da Pollastrini che lei conosce, e poi venni qui da lei e lei mi diede una lettera di raccomandazione per l'avvocato Scardamazzi... ma sbagliò l'indirizzo e mi mandò al Comune dal ragioniere Scardamazzi... e questi mi mandò da Merluzzi ma non lo trovai... allora mi venne l'idea di andare dal vero avvocato Scardamazzi... e questi si perse la mia lettera e trovò in un'altra lettera che stava sul suo tavolo che mi chiamavo Francesetti e volevo fare l'usciere... e così mi diede una lettera per lei... e io sono tornato da lei dopo aver girato mezza Roma, che non mi reggo più in piedi dalla stanchezza, dal caldo e dalla fame».

Mentre così parlavo, lo vedevo che aggrottava le sopracciglia e storceva la bocca: mi aveva riconosciuto, capiva di avermi preso in giro, seppure senza farlo apposta, e, adesso, come mi accorsi benissimo, era imbarazzato e si vergognava. Poi, giunto alla fine del mio lamento, vidi che la sua faccia si sdoppiava; e adesso di facce invece di una ce n'erano due, e queste due si incrociavano e si fondevano, e allora sedetti di schianto sopra un seggiolone, davanti al tavolo, prendendomi il viso in una mano. Fu quasi uno svenimento; e l'avvocato ne approfittò per riaversi dal senso di vergogna che gli aveva ispirato il mio racconto. Poi dissi: «Mi scusi: è la debolezza»; e lui senza aspettare che rifiatassi rispose in fretta: «Be', mi dispiace... ma siamo tutti così carichi di lavoro e i disoccupati sono tanti... facciamo così, allora: fin adesso la macchina me la guidavo da me... vuol dire che d'ora in poi me la guiderai tu... provvisoriamente, s'intende, fino a quando non avrai trovato un posto... non avevo bisogno di un autista, per dire la verità, ma pazienza».

Dette queste parole, non volle sentir altro, chiamò la cameriera e mi consegnò a lei dicendole che ero il nuovo autista e che mi accompagnasse in cucina e mi desse da mangiare. In cucina, a quelle donne pettegole che mi interrogavano e volevano sapere chi ero e da dove venivo e come mai l'avvocato mi aveva preso come autista, risposi alla fine, spazientito, levando il viso dalla scodella: «Questo posto di autista io lo debbo ad un momento di coscienza».

«Di coscienza?»

«Sì e non domandatemi altro. La sola cosa che posso ancora dirvi è che mi chiamo Cesarano Alfredo... ma voi potete chiamarmi semplicemente Alfredo».

Motorizzarsi

Chissà perché, quando uno sta solo, tutto quello che gli viene in mente è di cercarsi una ragazza, oppure di fumarsi una sigaretta in santa pace leggendo le ultime dello sport; e quando, invece, si è in quattro o cinque, viene subito la smania di fare qualche cosa, di preparare un piano d'azione, di formare banda, insomma. Dicono che l'unione fa la forza; e sarà vero, non discuto; vorrei però che qualcuno mi spiegasse perché questa forza prende sempre la stessa direzione, voglio dire verso qualche cosa che sia ardito, pericoloso, magari proibito. Fra noialtri ragazzotti tutti intorno i diciott'anni, allorché ci riunivamo nei prati dalle parti di via della Magliana, questa forza per un pezzo si sfogò in discorsi: «Io me la sentirei di fare questo e questo». «Bum!». «E io ti dico che ne sarei capace». «Io invece farei quest'altra cosa». «Ma vattene». «Scommettiamo che la farei?». Chiacchiere, insomma, e niente più. Ma dal momento che fra di noi capitò Ugo, il figlio di una levatrice di Monteverde, tutto cambiò. Ugo, già nel fisico, magro ma tutto muscoli, gli occhi chiari, la bocca sottile, dava l'idea della decisione. Aggressivo, se tanto tanto uno lo contraddiceva, lo investiva a gran velocità con una valanga di parole; se quello insisteva, senza tanti complimenti, menava. Ma senza scaldarsi menava, con gli occhi aperti, la sigaretta tra le labbra, metodicamente. Ugo: un drittone.

Uno di quei giorni che, seduti sull'argine del Tevere, facevamo al solito a chi le sparava più grosse, Ugo saltò su: «Ma proprio dobbiamo passare la vita a chiacchierare senza far nulla? Siamo in cinque, perché non facciamo qualche cosa?». Fummo tutti d'accordo che qualche cosa, infatti, bisognava fare. E allora Ugo, passando dalla parola all'azione, ci espose il suo piano in una parola sola: motorizzarsi: «Stiamo sempre qui, fra la Magliana, la Stazione di Trastevere e Monteverde. Siamo paralizzati perché non abbiamo il mezzo. Una volta motorizzati, poi vedremo. Intanto però la prima cosa è motorizzarsi». La proposta piacque, anche perché, essendo tutti quanti figli di povera gente, c'era in ciascuno di noi la nostalgia del motore. Ma motorizzarsi come? Ugo disse subito che con tutti i mezzi che c'erano a Roma, non c'era che l'imbarazzo della scelta; e noi, benché comprendessimo che scegliere in questo caso voleva dire rubare, non fiatammo.

Sulla scelta, però, non fummo d'accordo. Pasqualino, il più grande di tutti, un tipo furbo e placido, era per la motoretta: ciascuno avrebbe prelevato la sua e poi, via, a squadrone, per le strade di Roma. Sergio, un piccolino bruno, figlio di un arrotino, entusiasta e pieno di immaginazione, propose invece uno di quei macchinoni americani che si vedono fermi a via Veneto: fu bocciato subito, se non altro per via della manutenzione. Io tacevo perché a dire la verità, quest'idea della scelta non riusciva a farmi dimenticare il senso vero della parola. Gigi, che faceva il servo ad Ugo, gridò allora infatuato: «Lasciamo parlare il capo». Ugo finora era stato in disparte, sprezzante. Si fece avanti e disse la sua: ci voleva un'utilitaria e questo per due ragioni, perché le utilitarie non si riconoscono essendo tutte eguali e perché consumano poco. Pasqualino, però, insistette: «Facciamo così, allora: io prendo la motoretta e voi l'utilitaria. Siete già in quattro, oltre tutto non c'è posto per me». Ugo, calmo, gli si fece sotto: «Povero cocco, ti piacerebbe, eh, che noi ci esponessimo mentre tu te la caveresti con qualche strillo di tuo cognato?». «Ma che dici?». «Credi che non lo sappia che tuo cognato ci ha la motoretta? Tu il prelevamento lo faresti in famiglia». «Ma io...». «Zitto: qui gli ordini li do io. Intesi?». Insomma, Pasqualino abbassò la testa e rimanemmo tutti d'accordo per l'utilitaria.

Il giorno dopo faceva il tempo che ci voleva: freddo, ma pieno di sole, con il cielo azzurro che era azzurro fin dove lo sguardo poteva arrivare e dove lo sguardo finiva diventava rosa: il sereno del bello fisso. Per il prelevamento avemmo fortuna: un'utilitaria grigia si fermò in un viale solitario dell'E42, ne discesero un giovanotto e una ragazza e subito s'infrascarono fra i macchiozzi cercando un luogo riparato. «Sotto ragazzi, loro pensano all'amore e non se ne accorgono», ci incitò Ugo uscendo per primo da dietro il cespuglio dove ci eravamo agguattati. Corse prima lui, salì, ci fece un gesto con la mano. Noi subito ci slanciammo e ci buttammo a pesce dentro l'automobile, entrando tutt'insieme per i quattro sportelli. Ugo accese il motore e la macchina partì.

Per prima cosa scorrazzammo per Roma, era una soddisfazione che non ci eravamo mai permessi se non in autobus o in tram. Dovemmo contentare un po' tutti, perché Pasqualino voleva vedere il Foro Italico, Sergio San Pietro e il Colosseo, Gigi via Veneto e Ugo, chissà perché, la stazione. Erano tutte cose che già conoscevamo; ma un conto è andarci a piedi e un altro in macchina. Mentre l'automobile correva come un razzo da un capo all'altro di Roma, noialtri inzeppati dentro, gli uni sopra gli altri, eravamo di un'allegria da non si dire: le parolacce, gli spintoni, gli strilli non si contavano. Soprattutto canzonavamo Sergio, che, come ci accorgemmo, era forse il solo che non conosceva bene Roma; anzi si può dire che non fosse mai uscito dal suo quartiere. A San Pietro, per esempio, Ugo gli disse con serietà che quella chiesa era stata fatta così grande per contenere tutti i romani, non uno di più né uno di meno, l'uno accanto all'altro, in piedi; e Sergio ci credette. «Ma i forestieri?» domandò poi insospettito. «Quelli stanno tutti dentro la piazza, fuori della chiesa; si capisce, non sono romani». Girammo in lungo e in largo per San Pietro, fra quelle colonne così grosse, su quel pavimento che sembrava un deserto e quindi ce ne andammo difilati al Colosseo, non senza però affacciarci un momento al terrazzo del Gianicolo dove Ugo, che conosceva tutte le particolarità di Roma, ci indicò il monumento a Vittorio Emanuele, Castel Sant'Angelo e, proprio sotto di noi, la galera di Regina Coeli.

Dopo il Colosseo, però, nacque una discussione fra Sergio e Gigi, perché Sergio diceva che era più bello il Colosseo di San Pietro e Gigi gli opponeva che magari quando era sano sarà stato più bello, ma ora, così rovinato, San Pietro lo vinceva. Finimmo di discutere a via Veneto, dove rallentammo al passo d'uomo per osservare tutti quegli alberghi e quei caffè. Ugo propose addirittura di scendere a prendere un espresso in uno di quei locali di lusso, ma tutti ci opponemmo, per un motivo o un altro: in realtà sapevamo d'essere straccioni e ci vergognavamo. La stazione non ci piacque; perché avevano fatto la tettoia tutta storta che pareva un serpente? Al Pincio c'era la stessa vista del Gianicolo, con in meno, però, Regina Coeli. Quanto al Foro Italico, fu una delusione, tutti quei marmi bianchi facevan venir freddo a guardarli. Però ci divertimmo a leggere quello che i burini di provincia avevano scritto sulle cosce delle statue nude dello Stadio. ‹Fesso chi legge›, era il meno; non si ha idea di quello che la gente è capace di scrivere sopra i monumenti. Insomma, ci ritrovammo a Ponte Milvio che era già mezzogiorno passato; e Ugo allora propose: «Adesso facciamo una bella corsa in campagna». Approvammo con un urlo di gioia.

Prendemmo per la Flaminia, a gran velocità, sorpassando una dopo l'altra le macchine numerose che correvano nel sole. Ma Gigi ce l'aveva con i cartelloni pubblicitari che stavano ai due lati della strada; avrebbe voluto spiantarne qualcuno; e alla fine, in un punto solitario, ci costrinse a fermarci e a scendere per andare a buttar giù la *réclame* di un grande magazzino con la quale lui ci aveva una ruggine speciale: un mazzo di rose alto come un uomo, che da lontano potevano anche parere di cartone. Ma sì, fatica sprecata: come ci mettemmo in cinque per scalzarle, ci accorgemmo che quelle rose erano di ferro, ogni mazzo avrà pesato un quintale. Riprendemmo la corsa, i chilometri sfilavano, ormai era campagna aperta e allora Sergio, con quella sua vocetta insistente, cominciò a fare un sacco di domande: «Ma continuando così, sempre correndo, dove si arriva?». E Ugo: «Beh, sempre correndo si può arrivare dappertutto». «Ma mettiamo che corressimo sempre, in Russia ci arriveremmo?». «Io dico di sì». «E quanto ci vorrebbe?». Su questo non eravamo d'accordo, chi diceva un giorno, chi due, chi una settimana. Sergio ci pensò su e poi disse: «Beh, io me la sentirei, sempre correndo, di arrivare in Russia. Oppure in Brasile». «Lo vedi come sei ignorante», disse Ugo, «in Brasile non ci arrivi, c'è di mezzo il mare». «Ma chi l'ha detto?». «Te lo dico io: per arrivarci ci vorrebbe una macchina che potesse andare anche sull'acqua». «E c'è questa macchina?». «No, che non c'è». A questo punto, interpretando il sentimento comune, Pasqualino gridò: «Ma altro che Russia, altro che Brasile: ho fame. Mi basterebbe giungere a un paesotto qualsiasi e mettermi subito a tavola». «Eccolo il paesotto» disse Ugo.

Era, infatti, Mentana. Prometteva bene, con le sue mura di mattoni rossi e la sua porta con le colonne; ma una volta dentro, vedemmo che era proprio un paese da nulla, con la piazza quasi deserta e pochi contadini intabarrati, che prendevano il sole, come tante lucertole intirizzite. «Andiamo avanti», disse Ugo. Uscimmo da Mentana, ci dirigemmo verso Monterotondo. Ma ad una svolta, Sergio si innamorò di certe montagne pelate e turchine, che si vedevano lontano, all'orizzonte, con due o tre paesi inerpicati in vetta, simili a castelli: «Andiamo in uno di quei paesi, andiamoci, chissà come sono belli». Ugo brontolò che quelli erano paesi di montagna, c'era il caso di non trovarci manco il pane rifatto. Però, per contentare Sergio, prendemmo per una strada secondaria, che saliva e scendeva attraverso la campagna deserta. Corri e corri e corri, ecco finalmente, alla base di uno di quei monti, l'imboccatura della strada di circonvallazione, con un cartello: Palombara Sabina. Gigi, che era figlio di uno che ci aveva la rivendita di vino e olio, disse che suo padre da quel paese si faceva venire l'olio. E Pasqualino, sarcastico: «E il vino da dove lo fa venire? Dalla bocchetta dell'Acqua Marcia?». Si accese una disputa fra Gigi e Pasqualino; intanto la macchina saliva per una pettata da far paura, fra casucce nere di montagna, su certi selci buoni tutt'al più per i somari. Sbucammo finalmente su una piazza al sole, in un venticello frizzante da neve, davanti un parapetto oltre il quale non c'era che la luce di un grande panorama che non si vedeva. L'osteria era là, a pochi passi, in un vicolo; ma prima circondammo Ugo che ci disse: «Soldi ce ne abbiamo pochi. Fate quello che vi dico e mangerete gratis».

Per una combinazione, lo stanzone dell'osteria aveva una porta che dava dietro, su una scalinata. Convenimmo che ce ne saremmo andati alla chetichella per quella porta e non ci pensammo più, dedicandoci interamente alla mangiata. Ma sì, mangiata, fatemi ridere: pasta al sugo di conserva acida, bistecche di annecchia, che è la sorella minore della vacca, due fronde d'insalata e pane duro mezzo crudo e mezzo bruciacchiato. In quello stanzone che puzzava di chiuso, con le mosche dell'estate ancora vive sui vetri sporchi, per toglierci la tristezza, non restava che bere. Ma quel vino nero e pesante fu traditore; perché ci dimenticammo della porta sulla scalinata, attardandoci, col bicchiere in mano, a discutere dell'ultima partita di calcio. Ad un tratto, ecco il ragazzotto in giacca bianca con il conto: quattrocento lire a testa. Ci restammo così male che, per un pezzo, sulla via del ritorno a Roma, nessuno aprì bocca.

Adesso eravamo tutti un po' delusi. Avevamo prelevato la macchina, è vero; ma che ci avevamo fatto? Un giro per Roma e una gitarella a Palombara Sabina. Tanto valeva, come disse Pasqualino che fin dall'inizio si era mostrato scontento, non aver mai fatto nulla. Ugo taceva, ma si vedeva chiaro come il sole che lui lo sentiva che la sua autorità era scossa; e infatti, ad una ventina di chilometri da Roma, sparò l'ultima cartuccia: le donne. C'erano due ragazze, in margine alla strada, due contadine dalle guance e dalle mani rosse, ma vestite da città, con certi cappottoni larghi larghi. Ugo si fermò e le invitò: «Un passaggio, signorine?». Una di loro si avvicinò e dopo aver guardato dentro la macchina domandò ridendo e mostrando le gengive: «Un passaggio l'accettiamo, ma dove ci mettete?». Pronto, Pasqualino che si vedeva non aspettava che quest'occasione, si gettò fuori della macchina: «Io me ne vado, prendo l'autobus. Lascio il mio posto a loro». «E mi raccomando», gli gridò dietro Ugo sfogando la sua antipatia, «diglielo a mamma che sei stato buono, diglielo, sai». Insomma le due ragazze salirono e per qualche chilometro ci fu un gran ridere perché nella macchina c'era poco posto e quelle due, da vere contadine, erano larghe e pesanti e quasi ci soffocavano cascandoci addosso con quei loro cappotti ingombranti. Faceva buio ormai e forse per via dell'inzeppamento dell'automobile, Ugo, allorché un'ombra gli si parò davanti, non riuscì a frenare: andava troppo forte. Lui spinse la macchina di lato e l'ombra, come se avesse voluto sbarrargli il passo, andò anche lei di lato. Ugo l'evitò in parte, sfiorandola, e poi la macchina scivolò dentro il fossato e si rovesciò sul fianco con le ruote per aria.

Saltammo tutti fuori, ragazze comprese. L'ombra era un ometto traccagnotto e vecchio, con un cappello nero a cencio e un fiasco di vino stretto contro il petto: aveva preso una botta dal parafango, ma il fiasco non l'aveva lasciato. Parlava veneto e bravo chi lo capiva, anche perché era ubbriaco fradicio. Mentre noialtri lo prendevamo a male parole indignati per tanta incoscienza, un grido di Sergio: «Ugo è scappato». Era scappato, infatti, Ugo: approfittando della confusione, aveva fatto un salto di là della siepe ed era scomparso per i campi. Allora, vedendo che già qualche macchina si fermava per osservarci, pensai che non c'era un minuto da perdere se non volevamo finir dentro; e con improvvisa ispirazione dissi alle ragazze: «Voi due restate qui, a guardia della macchina... noi tre, intanto, andiamo avanti fino al garage e torniamo con la gru per tirarla fuori». Loro, poverette, non ebbero neppure il tempo di rifiatare: in gran fretta ce ne andammo, commentando con amarezza il tradimento di Ugo. Due chilometri più in là prendemmo l'autobus e poco dopo eravamo a Roma.

Il giorno dopo Ugo e Pasqualino non si fecero vedere, Gigi aveva l'influenza e Sergio ed io, benché con la tremarella, ci facemmo coraggio e comprammo il giornale. Eh, non vale la pena di fare certe cose. Una notizia breve breve, in due righe, raccontava che una macchina, rubata al mattino all'E42, era stata ritrovata la sera sulla Flaminia. Punto e basta: non si parlava neppure dello scontro. Quest'ultima delusione ci smosciò del tutto. Da allora non facciamo più banda insieme. Qualche volta vedo Sergio e andiamo al cinema insieme.

Vocabolario

Abweichungen von der Normalbetonung sind durch einen Betonungsstrich vor der betonten Silbe gekennzeichnet. Unregelmäßige Pluralformen sind bei Substantiven und Adjektiven angegeben. Die fett gedruckte Zahl am Rand verweist auf die Textseite.

Introduzione

3	**lo pseu'donimo**	das Pseudonym, der Deckname
	'scegliere	wählen
	la Mo'ravia	Mähren
	tutta'via	jedoch, dennoch
	infatti	in der Tat, nämlich
	at'tingere ad una fonte	aus einer Quelle schöpfen
	la narrativa	die Erzählkunst
	allontanarsi	sich entfernen
	novenne	neunjährig
	contrarre (una malat'tia)	sich (eine Krankheit) zuziehen
	la tuberculosi 'ossea	die Knochentuberkulose
	venire ricoverato in sanatorio	in ein Sanatorium eingeliefert werden
	uscire	*hier* entlassen werden
	la preparazione	die Vorbereitung
	dedicarsi a qc	sich einer Sache widmen
	di colpo	mit einem Schlag
	essere considerato da	in Gunst stehen bei
	nas'condersi	sich verstecken
	le vicinanze di	die Umgebung von
	venire premiato	einen Preis bekommen
	ambito	begehrt, geschätzt
	il premio	der Preis
	e'leggere	wählen zu
	l'osservatore	der Beobachter
	indiscutibilmente *adv*	unbestreitbar
	recente	neu, jüngst
	la striscia	der Streifen
	lo stile conciso	der knappe Stil
	l'esigenza (le -e)	das Erfordernis
	tratto dalla vita	dem Leben entnommen
	la sfortuna	das Unglück
	perseguitare	verfolgen
	sottrarsi a qc	sich einer Sache entziehen
	immediato	unmittelbar, spontan

La ciociara

5	**la ciociara**	Bäuerin aus der Ciocia'ria, der römischen Campagna; *hier etwa* das Mädchen vom Lande
	in'sistere	auf etwas bestehen
	badare	achtgeben, vorsichtig sein
	la roba	die Sachen, das Zeug
	roba di campagna	Leute vom Land (abwertend)

ˈrustico (-ci)	bäuerisch, plump, grob
contadino	ländlich, bäuerisch, flegelhaft
soprattutto	vor allem
almeno	wenigstens
il fumetto	das Wölkchen, das Bläschen
i fumetti	Comic strips
un racconto a fumetti	eine Bildgeschichte
il pizzo	der Spitzbart
i baffi *pl*	der Schnurrbart
insegnare	lehren, Lehrer sein
le rovine	die Trümmer, die Ruinen
spiegare	erklären
accatastare	aufschichten, stapeln
l'ingresso *m*	der Eingang
nasˈcondere	verstecken
la tenda	der Vorhang
il ripostiglio (i -gli)	der Abstellraum, die Rumpelkammer
tenere qc come la rosa al naso	etwas wie seinen Augapfel hüten
guai!	wehe!
eppure	und doch
attripparsi	ausspannen; *hier* Ruhe geben
il mercatino di libri usati	der Antiquariatsbuchmarkt *dim*
frugare	herumstöbern
il carrettino	der kleine Handkarren
rincasare	heimkehren
insomma	mit einem Wort, kurz und gut
intignarsi	sich auf etwas versteifen
aver grilli per la testa	Grillen, wunderliche Einfälle haben

ˈmettere alleˈgria a qu	jdn in fröhliche Stimmung versetzen
siccome *(Konjunktion)*	da
affacciarsi	sich zeigen
la portineˈria	die Portiersloge
il compare(tto)	der Pate, der Gevatter; *hier* der Freund
appunto	gerade, genau
ˈcompiere	vollenden **6**
non . . . né . . . né	weder . . . noch
andare a ˈprendere qu alla stazione	jdn am Bahnhof abholen
proprio	gerade, wirklich
zappare	hacken
per una giornata filata	den ganzen Tag lang
rifiatare	Atem holen
oppure	oder auch
il cesto	der Korb
il quintale	der Doppelzentner
il mezzo quintale	der Zentner
la treccia	der Zopf
arrotolare	ein-, zusammenrollen
il sopracciglio le sopracciglia *pl*	die Augenbraue(n)
sbarrare	versperren; *hier etwa* die Augenbrauen zogen sich quer über die Stirn
stretto	eng, dicht
pulire (isco)	reinigen, putzen
strofinare	(ab)reiben, scheuern
poggiare	sich stützen; *hier* aufsetzen
la pianta del piede	die Fußsohle

il tacco (i -cchi)	der Absatz
il polpaccio (i -cci)	die Wade
la cinghia	der Riemen
la ciocia (le -ce)	die Sandale (wie in der Ciociaˈria getragen)
il panierino	das Körbchen
l'uovo *m* **(le uova)**	das Ei
uova di giornata	frischgelegte Eier
la paglia	das Stroh
il fico (i -chi)	die Feige
si tratta di . . .	es handelt sich um . . .
il pollaio (i -ai)	der Hühnerstall
il selvaggio / la . . . -a	der Wilde, die Wilde
una casa di sei piani	ein sechsstöckiges Haus
l'ascensore *m*	der Fahrstuhl
non avere servitù	keine Dienstboten haben
far le puliˈzie a qu	jdm die Zimmer reinemachen
tie' = tieni	da nimm! da hast du!
l'ova = le uova	die Eier
7 **dare del tu a qu**	jdn mit „du" anreden, jdn duzen
incoraggiare	ermutigen
trattare qu alla buona	zwanglos mit jdm umgehen
il fornello a gas	der Gasherd
la ˈpentola	der Kochtopf
zitto	still, schweigsam
la capanna	die Hütte (in der Ciociaˈria bereiten die Bauern ihre Mahlzeiten in Kochhütten außerhalb des Hauses zu
mettiamo che . . .	angenommen, daß . . .
il fagiuolo	die (dicke) Bohne
magari	*hier* vielleicht
tutto qui?	ist das alles?
niente secondo (piatto)?	gibt es keinen zweiten Gang?
ˈridere di gusto	herzhaft lachen
(non) mica	gar nicht
beh, studierai . . .	na ja, du magst vielleicht studieren, aber . . .
ci vuole (voleva) qc	etwas ist (war) erforderlich
quindi	*hier* dann, darauf
la ˈcamera dà sul cortile	das Zimmer liegt nach dem Hof
il coˈmò (i -mò)	die Kommode
in cinque	zu fünft
spolverare	abstauben
il piumino	der Staubwedel
lo straccio (gli -cci)	der Staublappen
la zappa	die Hacke
ogni tanto	ab und zu, von Zeit zu [Zeit
ˈprendere qc sul ˈtavolo	etwas vom Tisch (weg)nehmen
il tema (i -i)	die Schulaufgabe; *hier* die Prüfungsarbeit
l'alunno *m*	der Schüler
turare	zustopfen, verkorken
servizˈievole	dienstfertig
ˈmettere poco tempo a	wenig Zeit brauchen, um . . .
appena . . . che	kaum . . . als
lo stipendio (gli -di)	das Gehalt
il vestitino a due pezzi	das Damenkostüm
di finto coccodrillo	aus imitiertem Krokodilleder

farsi tagliare la ˈtreccia	sich den Zopf abschneiden lassen
un vero peccato!	ein wahrer Jammer!
quel disgraziato di Mario	dieser widerwärtige Mario
l'autista *m* (gli -i)	der Chauffeur
quello non fa per te	das ist nichts (kein Mann) für dich
la spilla	die Stecknadel
il merciaio (i -ai)	der Kurzwarenhändler
portare qu per il naso	jdn an der Nase herumführen
intanto	*hier* und noch dazu
per conto suo	auf eigene Faust
sente lui!	da kriegt er was zu hören!
un paio di settimane	ein paar (einige) Wochen
abbassare la voce	die Stimme senken
sarà	es mag schon sein, aber ... ja, ich weiß nicht recht ...
scomparire (isco)	verschwinden
di certo	sicherlich, gewiß
impensierito	besorgt, sorgenvoll
ˈprendere ˈordini da qu	von jdm Anordnungen einholen
la buˈgia	die Lüge
per una combinazione	durch Zufall
socchiuso	halbgeschlossen
la ˈseggiola	der Stuhl
spenzolarsi	sich (hinaus)lehnen
la fila	die Reihe
il soffitto	die Zimmerdecke
una santarella	eine kleine Heilige *(hier ironisch)*

ˈreggere	halten
rilegato in pelle	in Leder gebunden
uscire fuori	hervortreten
tirare una secchiata d'acqua a qu	jdm einen Eimer voll Wasser auf den Kopf gießen
gliene dissi tante e tante	ich hielt ihr eine tüchtige Standpauke
per lo meno	wenigstens
scoppiare in pianto	in Tränen ausbrechen
mi avanza qc	mir bleibt etwas übrig
far la spesa	Einkäufe machen
... dalla spesa	*hier* beim Einkaufen
la cuoca (le -che)	die Köchin
ripigliare qu	jdn wieder erwischen
come un fuso	schnurstracks, geradeswegs
lì per lì	im ersten Augenblick
la testona	der Dickschädel
neppure	nicht einmal
mo' = ora	jetzt, nun
lagnarsi	klagen, jammern
riˈmettere a posto	wieder zurückstellen
guardare le figure	die Bilder anschauen 11
con tutto il cappotto addosso ...	noch im Mantel ...
avventarsi su qc	sich auf etwas stürzen
dare un grido	einen Schrei ausstoßen
come sarebbe a dire?	was soll das heißen? wie meinen Sie das?
sfogliare un libro	in einem Buche blättern
febbrilmente	fieberhaft
un volume di diritto	ein juristisches Buch
per giunta	obendrein
scompagnato	nicht zusammengehörig

la rilegatura	der Einband
il peso	das Gewicht
a peso	nach Gewicht
seppure	wenn auch
vaglielo a far capire	*etwa* es war ihr nicht beizubringen
farsi cattivo sangue	sich ärgern
mea culpa	*lateinisch* meine Schuld
la ˈsguattera	das Hausmädchen
il fatto dei libri	*hier* die Angelegenheit mit den Büchern

Faccia di mascalzone

12	**la faccia (le -cce)**	das Gesicht
	il mascalzone	der Lump, der Schurke
	spedire (isco)	absenden, befördern
	ritirare un pacco	ein Paket abholen
	una catasta di pacchi	ein Stoß, Haufen Pakete
	la macchia	der Fleck
	l'inchiostro *m*	die Tinte
	un odore di chiuso	ein dumpfer Geruch
	la segatura	die Sägespäne; das Sägemehl
	bagnato	naß
	intenˈdiamoci!	verstehen wir uns recht! wohlverstanden!
	il grembiale	die Schürze
	il collegio (i -gi) a semiconvitto	*etwa* die Tagesheimschule
	ˈpallido, palliduccio	bleich, blaß
	ˈsbattere	*hier* überwältigen, *im Sinne von:* die Lebendigkeit nehmen
	ˈrendere *(+ adj)*	machen
	ˈlivido	leichenblaß
	lo sportello	der Schalter
	ˈfingere	so tun als ob
	limitarsi a fare qc	sich darauf beschränken, etwas zu tun
	ˈporgere	reichen
	lo scartafaccio (gli -cci)	das Notizbuch, *hier* das Heft
	la ricevuta	die Quittung
	strappato	zerrissen
	ˈtingersi le unghie	sich die Fingernägel anstreichen
	firmare	unterschreiben
	buttare	werfen
	il retrobottega	der Hintergrund des Schalterraums
	lo scaffale	das Regal
	per ˈessere più precisi	um genauer zu sein
	storto	krumm, *hier* verzerrt
	non pensavo che a . . .	ich dachte nur daran, . . . zu . . .
	la disoccupazione	die Arbeitslosigkeit
	illˈludersi di	sich etwas einreden, einbilden
	ˈessere fissato	verbohrt sein
	non dico . . . ma	*hier etwa* schon gar nicht . . ., ja, nicht einmal . . .
	volersi bene	sich gern haben
	quantunque	obschon

foss'anche . . .	wäre es auch nur . . .
guardare qu dall'alto in basso	jdn von oben herab ansehen
piuttosto che	lieber, eher als
farsi vedere in giro	sich zeigen
gente da poco	unbedeutende, bescheidene Leute
non ti ofˈfendere	nimm mir's nicht übel
la testolina	das Köpfchen
azzimato	herausstaffiert
la cravatta a farfalla	die Fliege (Krawattenschleife)
la bolletta	der Zettel, der Schein
avviarsi	sich auf den Weg machen
voltarsi	sich umwenden
il canto	die Ecke
era colorita	sie hatte Farbe im Gesicht, sie sah wohl aus
balbettare	stottern
ritto	aufrecht
star ritto	stehen
le mani (la mano!) riunite	mit verschränkten Händen
senza parer di nulla	*etwa* als ob nichts geschehen wäre
spostare	verrücken, hin und her schieben
sussurrare qc a qn	jdm etwas zuflüstern
il bulletto	das Bürschchen, der Angeber
ˈlasciami ˈperdere!	laß mich in Ruh!
cavare	herausnehmen, hervorziehen
domandi di me!	fragen Sie nach mir!

accettare	annehmen
recarsi	sich begeben
riˈcorrere a qu	sich an jdn wenden
da solo/sola, non me la sento	allein traue ich mich nicht
ˈrendersi conto di qc	sich einer Sache bewußt werden
lo sfregio (gli -gi)	der Schimpf, die Schmach
per sfregio	um (mir) einen Schimpf anzutun
il fiocco (i -cchi)	die Schleife
il fiocchetto	das Schleifchen
annodare	zusammenknoten, knüpfen
in cima a	oben(auf)
sciˈogliere	auflösen
non posso fare a meno di fare qc	ich kann nicht umhin, ich kann nicht anders, als . . .
la straduccia (le -cce)	die kleine Straße
allagare	überschwemmen 15
la pozza	die Pfütze
il muro di cinta	die Einfriedungsmauer
il cancello	das Gitter, die Gittertür
il capannone	die Halle, der Schuppen
spuntare	auftauchen, zu sehen sein
al di sopra	über, oberhalb
addentrarsi	hineingehen
addentrare	hineindrängen
lo spiazzo	der freie Platz
sebbene	obgleich, obwohl
il mattone	der Ziegelstein
tinto di color mattone	ziegelsteinfarbig bemalt

la tintarella	*fam* die Sonnenbräune; *hier* Farbe
la compunzione	die Reue; *hier* die Verlegenheit
a caso	aufs Geratewohl
afferrare	ergreifen
la maniglia	der Griff, die Klinke
la porta materassata	die Polstertür
pesante	schwer
la cassaforte	der Geldschrank
lei mi venne dietro	sie kam hinter mir her
in punta di piedi	auf Zehenspitzen
salvo	außer
la cartapesta	das Papiermaché
la ˈtegola	der Dachziegel
sdraiare	hinstrecken, ausstrecken
un fascio (i -sci) di luce	ein Lichtstrahl
investire	anstürmen, anrennen; *hier* gerichtet sein auf
ˈtorcersi le mani	die Hände ringen
il pugno	die Faust
il ginocchio (i -cchi)	das Knie
recitare	aufsagen; *hier* Theater spielen
l'urlo *m*	das Gebrüll, der Schrei
la ˈmacchina da presa	die Kamera
la gente raggruppata intorno	die Leute, die drum herumstanden
stare appollaiato	kauern
la cornacchia	die Krähe
16 **un tale**	*hier* irgend jemand
un pezzo di legno	ein Stück Holz

le ˈnacchere *pl*	die Kastagnetten
il ronzìo	das Gesumme
filare	*hier* laufen
dare un pugno a qu	jdn mit der Faust schlagen
sul serio	im Ernst
il ˈgemito	das Stöhnen
finto	vorgetäuscht
ˈspegnersi	verlöschen, ausgehen
muˈoversi	sich bewegen; *hier* aufbrechen
smarrito	verwirrt, verlegen
il teatro	*hier* das Atelier
girare	einen Film drehen
parecchio	ziemlich viel
parecchi, -ie	mehrere
la belva	das wilde Tier
arrabbiato	wütend
il chiodo	der Nagel
magro come un chiodo	dünn wie eine Bohnenstange
la tartaruga	die Schildkröte
occhiali cerchiati di tartaruga	Brille mit Schildpattgestell
ballare	tanzen; *hier* wackeln, zittern
buono	*hier* gutmütig
il teppista (i -sti)	der Gauner, der Verbrecher
il barabba	der Taugenichts
è una pasta	er ist ein herzensguter Mensch
un pacioccone	ein gutmütiger Mensch
far il cattivo	den bösen Schurken spielen
capitare	zufällig kommen
capitare male	es schlecht treffen, im ungünstigen Augenblick kommen

ma tant'era	aber so war es nun einmal
quand'uno è nel ballo, deve ballare	wer auf dem Ball ist, muß tanzen *etwa* wer A sagt, muß auch B sagen
ˈcogliere	pflücken; (eine Gelegenheit) benutzen
il regista (i -sti)	der Regisseur
smaniare	(vor Wut) rasen
stizzito	zornig
farsi da parte	beiseite, auf die Seite treten
l'inchino *m*	die Verbeugung
scaldarsi	sich ereifern, in Hitze geraten
questa non è la maniera!	das ist doch keine Art!
ad un tratto	auf einmal
mi stava addosso	er ließ nicht mehr von mir ab
puntare	richten auf; *hier* drücken
fiammeggiare	funkeln
imbarazzato	verlegen
lo sfruttatore di donne	der Zuhälter
il magnaccia (i -cci)	der Zuhälter
il funzionario statale	der Staatsbeamte
per farla breve	kurz und gut
la parte	die Rolle
la particina di contorno	die kleine Nebenrolle
qc fa al caso mio	etwas paßt mir (in den Kram)
il provino	die Probeaufnahme
al colmo di	auf dem Gipfel von
al colmo dell'entusiasmo	in heller Begeisterung
corˈreggere	verbessern
soggiˈungere	hinzufügen
staccare	trennen
la pedana	die Verkehrsinsel
da poveretta	als armes Mädchen
sognare la ricchezza	vom Reichtum träumen
abitiamo in due parti opposte	wir wohnen an zwei entgegengesetzten Enden der Stadt
allagato	überschwemmt; *hier* voll von Menschen
da allora	seitdem, seither
ˈsmettere	aufhören
lo sfondo	der Hintergrund
la particina di sfondo	die kleine Nebenrolle
il baro	der Falschspieler
il laˈdruncolo	der Dieb
fidanzarsi	sich verloben
l'impiegato del fermo posta	der Beamte vom Schalter für postlagernde Sendungen
più in là di	weiter weg von

La raccomandazione

la raccomandazione	die Empfehlung, das Empfehlungsschreiben
disoccupato	arbeitslos
sfinito	abgespannt, erschöpft
indossare	anhaben, tragen (von Kleidern)

la giubba	die Joppe, die Jacke
inamidare	stärken; *hier* steif machen
il sudore	der Schweiß
ridotta a una corda	nur noch ein Strick
la nebbia	der Nebel
la grinza	die Runzel, die Falte
la pancia (le -ce)	der Bauch
giocare a tressette	Tresett spielen (Kartenspiel, bei dem die 3 als höchste Karte gilt)
le grinze della pancia mi gioˈcavano a tressette	*etwa* mir knurrte der Magen
tempo addietro	vor einiger Zeit
tenere a batˈtesimo	über die Taufe halten
presso	bei
sì e no	kaum
rimestare	herumkramen
il ˈcofano	die Motorhaube
acˈcendere	anzünden
l'inganno *m*	der Betrug
si parla = si dice	man sagt
l'autista *m* **padronale**	der Herrschaftschauffeur
a suo tempo	seinerzeit
da cosa nasce cosa	eins entsteht aus dem anderen
insistente	beharrlich
la callaccia	(römischer Ausdruck für: glühende Hitze)
tener a bollore	am Sieden halten
la circolare	die Ringbahn (in Rom)
circonfuso di	umgeben von
la trebbiatrice	die Dreschmaschine
la mietitura	die Ernte(zeit)
pieno zeppo	vollgestopft
apˈpendere	(auf)hängen

il predellino	das Trittbrett
attaccarsi	sich anklammern
scottare	brennen, sehr heiß sein
mi feci tutti i Lungoˈtevere	ich fuhr alle Tiber-Uferstraßen entlang
smontare	aussteigen
salire	hinaufsteigen
il capo di scala	das Treppenstück (zwischen 2 Absätzen)
un palazzo signorile	ein herrschaftliches Haus
incorniciare	einrahmen
il triciclo	das Dreirad
sbucare	herauskommen
pedalare	radfahren
la guardia	der Schutzmann
il crocicchio (i -cchi)	die Straßenkreuzung
ˈprendere qu in tempo	jdn noch rechtzeitig erwischen
l'arrufˈfio *m*	das Durcheinander
scartabellare	durchblättern
con un fil(o) di voce	mit schwacher Stimme
per la verità	um die Wahrheit zu sagen, wirklich
compulsare	nachschlagen, durchsehen
con la mente ad altro	mit den Gedanken bei etwas anderem
buttare giù il teˈlefono	den Hörer auflegen
l'assegno *m*	der Scheck
procurare	verschaffen
è una parola	das ist leicht gesagt
inˈtendere	verstehen, hören
che diˈamine!	verflixt! *hier* ach, natürlich!

la busta	der Briefumschlag
fare ˈcomodo	gelegen kommen
ˈtogliere	nehmen
l'aˈnagrafe *f*	das Einwohnermeldeamt
il raggio di sole	der Sonnenstrahl
il percorso	die Strecke, die Fahrt
bruciare	(ver)brennen
peggio di	schlimmer als
una folla da non si dire	ein unsagbar großes Gedränge
trafelato	keuchend
la pena	die Strafe
un'anima in pena	eine Seele im Fegefeuer
puzzare	stinken
l'usciere *m*	der Türhüter, der Amtsdiener
difilato	schnurstracks, unverzüglich
le lenti *pl*	*hier* die Brille
la ˈspazzola	die Bürste
i capelli a ˈspazzola	Haar im Bürstenschnitt
la ˈmanica (le -che)	der Ärmel
in ˈmaniche di camicia	in Hemdsärmeln
l'eˈlastico *m* **(gli -ci)**	das Gummiband
non affatto	durchaus nicht
tra l'altro	unter anderem, außerdem
il ragioniere	der Buchhalter, der Rechnungsführer
il merluzzo	der Kabeljau *(hier Eigenname: wichtig für das Wortspiel, das folgt)*
la ciccia	das Fleisch

ricicciare	sich wieder gut herausmachen (gesundheitlich/wirtschaftlich), *eigentlich also* Fleisch ansetzen
rimaner male	unangenehm berührt sein
farsi vivo	ein Lebenszeichen von sich geben, von sich hören lassen
e così via	und so weiter
avvertire	bemerken; *hier* raten
persino	sogar
l'elenco *m* **(gli -chi)**	das (Telefon-) Verzeichnis
il ˈcavolo	der Kohl
l'afa *f*	die Schwüle
afflitto	betrübt
ammucchiare	aufhäufen, anhäufen
è la mia volta	ich bin an der Reihe
l'ˈebano *m*	das Ebenholz
l'incrostazione *f*	der Überzug; *hier* die Verzierung
d'osso	beinern
impagliato	ausgestopft
un omaccione	ein unsympathischer Mensch 23
il facchino	der Dienstmann, der Gepäckträger
losco (-chi)	schielend
il naso a becco	die Schnabelnase
rimbombante	dröhnend
cocco mio	mein Herzchen, mein Liebling *(hier ironisch)*
impegnare	*hier* beginnen
fitto	knapp, bestimmt
all'altro capo (del filo)	am anderen Ende (des Drahtes)
calcare sulle parole	Wörter mit Nachdruck aussprechen

il farabutto	der Gauner
la spiaggia (le -gge)	der Strand
un tipo da spiaggia	jd, den man am Strand trifft
sfoderare	herausziehen, hervorkramen
melˈlifluo	honigsüß
premuroso	eifrig, beflissen
repeˈribile	auffindbar
mi rendo repeˈribile	ich halte mich bereit
dubitare	zweifeln
non dubiti	seien Sie ganz unbesorgt
(i miei) ossequi a	meine Empfehlungen an . . .
il ricevitore	der (Telefon-)Hörer
rivoltare sottosopra	das Unterste nach oben kehren
aggrottare la fronte	die Stirn runzeln
24 il gioco dell'oca	(Würfel-Brettspiel, bei dem es Strafpunkte durch Rückversetzen gibt)
sbagliare il colpo	das Ziel verfehlen
vuoto	leer
non era servito a nulla	es hatte zu nichts geführt, es war umsonst gewesen
a sua volta	seinerseits
sbalordito	verblüfft
affamato	hungrig
un bel po'	eine hübsch lange Zeit
la posata	das Besteck
ˈsolito	gewohnt; *hier* bekannt, derselbe . . .
fare un cenno di fare qc	auffordernd winken, etwas zu tun
accostare	(Tür, Fenster) anlehnen
la spalliera	die Rückenlehne
la vestaglia	der Morgenrock
pranzare	zu Mittag essen
apprestarsi a	sich rüsten zu
l'usciere *m* al Tribunale	der Gerichtsdiener
ˈesile	dünn
il pasticcio (i -cci)	die verwickelte Geschichte
il fiato	der Atem
in un fiato	in einem Atemzug
dalla stanchezza, dal caldo e dalla fame	vor Müdigkeit, vor Hitze und vor Hunger
ˈstorcere la bocca (le -cche)	den Mund verziehen
ˈprendere qu in giro	jdn aufziehen, frotzeln
apposta	absichtlich
accorgersi di	etwas bemerken
vergognarsi	sich schämen
giˈungere	ankommen
sdoppiarsi	sich trennen, sich spalten
incrociare	kreuzen
ˈfondersi	schmelzen, zerfließen
lo schianto	der Krach
di schianto	mit einem Schlag, plötzlich
lo svenimento	die Ohnmacht
riaversi	sich erholen
il senso di vergogna	das Schamgefühl
la debolezza	die Schwäche
carico (-chi) di lavoro	mit Arbeit überlastet
fin adesso	bis jetzt
da me	(ich) selbst

d'ora in poi	von jetzt an
consegnare	übergeben, abliefern
petˈtegolo	schwatzhaft
spazientirsi	die Geduld verlieren
la scodella	der (Suppen-)Teller
la coscienza	das Gewissen

Motorizzarsi

motorizzarsi	sich motorisieren
le ˈultime (notizie)	die neuesten Nachrichten
la ˈsmania	die innere Erregung, innere Unruhe
il piano d'azione	der Plan (für ein Unternehmen)
l'unione *f* fa la forza	Einigkeit macht stark
ardito	kühn, dreist
proibito	verboten
intorno i diciott'anni	ungefähr 18 Jahre alt
allorché	als
i prati dalle parti di ...	die Wiesen in der Nähe von ...
Via della Magliana	(Straße im Süden Roms, rechts des Tiber)
per un pezzo	eine Zeitlang
sfogarsi	sich Luft machen, sich austoben
senˈtirsela di ...	imstande sein zu ...; den Mut haben zu ...
ma ˈvattene	ach geh, gib doch nicht so an!
scomˈmettere	wetten
la chiˈacchiera	das Geschwätz
chiˈacchiere!	dummes Geschwätz!
la levatrice	die Hebamme
Monteverde	(Stadtteil in Trasˈtevere)
cambiare	sich ändern, anders werden
era tutto ˈmuscoli	er war ein richtiger Muskelprotz
sottile	dünn
la decisione	der Entschluß, die Entschlossenheit
(di) tanto (in) tanto	dann und wann 27
contrad(d)ire	widersprechen
la velocità	die Schnelligkeit
la valanga (le -ghe)	die Lawine
una valanga di parole	eine Flut von Worten
il labbro (le -bbra)	die Lippe
un drittone	ein ganz schlauer Fuchs
l'ˈargine *m*	der Damm
fare a chi le sparava più grosse	spielen, wer am besten angeben konnte
al ˈsolito	gewöhnlich
chiacchierare	schwätzen
ˈessere d'accordo	einverstanden sein
esporre un piano	einen Plan darlegen
paralizzare	lähmen
la proposta	der Vorschlag
tutti quanti	sämtlich(e)
la nostalˈgia di	die Sehnsucht nach
l'imbarazzo *m*	die Verlegenheit
la scelta	die Wahl
l'imbarazzo della scelta	die Qual der Wahl
benché	obwohl
ˈscegliere	(aus)wählen
rubare	stehlen
non fiatare	den Mund halten

ˈplacido	ruhig
la motoretta	der Motorroller
prelevare	entführen, stehlen
lo squadrone	die Schwadron
a squadrone	im Verband
l'arrotino *m*	der Schleifer
l'entusiasta *m* **(gli -sti)**	der Schwärmer
pieno di immaginazione	einfallsreich
il macchinone	der Straßenkreuzer
Via ˈVeneto	(elegante Flanierstraße in der Nähe der Spanischen Treppe)
bocciare	zurückweisen
se non altro	wenigstens
per via di	wegen
la manutenzione	die Instandhaltung
tacere	(ver)schweigen
riuscire	gelingen
dimenticare	vergessen
fare il servo a qu	jdm wie ein Sklave ergeben sein
infatuato	(von etwas) eingenommen, betört
in disparte	beiseite
sprezzante	verächtlich
dire la sua	sagen, was man meint
l'utilitaria *f*	Gebrauchswagen; *hier* PKW
28 **consumare**	verbrauchen; *hier* Benzin verbrauchen
oltre tutto	obendrein
farsi sotto a qu	sich jdm nähern, sich an jdn heranmachen
esporsi (a un pericolo)	sich einer Gefahr aussetzen
caˈvarsela	davonkommen
lo strillo	der Schrei

il prelevamento	die Entführung, der Diebstahl
fin dove	bis dahin, wo
il viale	die Allee
solitario	einsam
l'E 42	(Kennziffer einer von Rom nach Ostia führenden Straße)
disˈcendere	aussteigen
infrascarsi	sich verstecken
il macchiozzo	das Dickicht
il luogo (i -ghi)	der Ort
riparato	geschützt
accorgersi di qc	etwas bemerken
incitare	anspornen
il cespuglio (i -gli)	das Gesträuch
ˈessere agguattato	im Hinterhalt liegen
slanciarsi	sich stürzen, losstürmen
il pesce	der Fisch
a pesce	*etwa* wie die Heringe
lo sportello	die kleine Tür, der Wagenschlag
acˈcendere il motore	den Motor anlassen
per prima cosa	zuerst
scorrazzare per	durchstreifen
la soddisfazione	die Genugtuung
contentare	zufriedenstellen
un conto è . . . e un altro . . .	dorthin zu Fuß gehen und im Wagen fahren, sind zweierlei Dinge
il razzo	die Rakete
inzeppato	eingekeilt
da non si dire	unvorstellbar
la parolaccia (le -cce)	das Schimpfwort, der Fluch
lo spintone	der Stoß

canzonare	zum besten haben, foppen
con serietà	in vollem Ernst
accanto a	neben
insospettire (isco)	Verdacht schöpfen
girare	sich im Kreise bewegen
in lungo e in largo	hin und her, auf und ab
il pavimento	das Pflaster
il deserto	die Wüste
il Giaˈnicolo	(einer der sieben Hügel Roms, südl. vom Vatikan)
la particolarità (le -tà)	die Einzelheit, die Eigentümlichkeit
Castel Sant'Angelo	die Engelsburg
la galera	das Zuchthaus
Regina Coeli	(Name des Zuchthauses in Rom)
ˈnascere	geboren werden, entstehen
opporre	entgegenstellen
sano	ganz und heil
rovinato	zusammengestürzt, zerstört
ˈvincere	besiegen, übertreffen
rallentare al passo d'uomo	Schritt fahren
lo straccione	der arme Teufel
la tettoia	die Bahnhofshalle
il serpente	die Schlange
il Pincio	(einer der sieben Hügel Roms)
con in meno	*hier* ohne
la delusione	die Enttäuschung
loro facevan venir freddo a guardarli	es wurde einem kalt, wenn man sie nur anschaute

il burino	der Bauernlümmel	
la coscia (le -sce)	der Schenkel	
nudo	nackt	
«fesso chi legge»	„ein Trottel, wer's liest"	
Ponte Milvio	(Tiberbrücke im Norden der Stadt)	30
ˈprendere	*hier* einen Weg einschlagen	
la (via) Flaminia	(führt nach Norden aus der Stadt heraus)	
sorpassare	überholen	
averla con . . .	böse, wütend sein auf . . .	
il cartellone pubblicitario	das Werbeplakat	
il lato	die Seite	
spiantare	herausreißen	
cosˈtringere	zwingen	
la ˈruggine	*hier* der Groll	
il mazzo	der Strauß	
sprecare	vergeuden	
scalzare	(die Wurzeln) bloßlegen, *hier* ausreißen	
sfilare	vorbeiziehen	
il sacco	der Sack; *hier* eine Unmenge	
c'è di mezzo il mare	das Meer ist dazwischen	
il paesotto	das Dörfchen	
qualˈsiasi	jeder beliebige	
Mentana	(Ort nordöstlich von Rom)	
qc promette bene	etwas läßt sich gut an, ist vielversprechend	
. . . da nulla	wertlos, unbrauchbar	31
intabarrarsi	sich in den Mantel einhüllen	
ˈprendere il sole	sich an der Sonne wärmen	

la luˈcertola	die Eidechse
intirizzito	erstarrt, steif
Monterotondo	(Ort ca. 2 km von Mentana)
la svolta	die Biegung, die Kurve
pelato	kahl
turchino	dunkelblau
inerpicarsi	emporklettern
inerpicato	*hier* hochgelegen
la vetta	der Gipfel
brontolare	brummen
manco	nicht einmal
il pane rifatto	das aufgebackene Brot
la strada secondaria	die Nebenstraße
l'imboccatura *f*	die Einmündung,
la strada di circonvallazione	die Umgehungsstraße
il cartello	das Schild
Palombara Sabina	(Ort ca. 10 km östlich von Mentana)
la riˈvendita	der Wiederverkauf; *auch* der Laden
la bocchetta	die Öffnung
l'Acqua Marcia	(das Wasser, das Rom durch ein von Marcius eingerichtetes Kanalsystem zugeleitet wird)
una pettata	ein sehr steiler Abhang
. . . da far paura	Angst einflößend, furchterregend
la casuccia (le -cce)	das kleine, dürftige Häuschen
la selce	der Kieselstein
tutt'al più	höchstens, bestenfalls
il somaro	der Esel
il venticello	der leichte Wind
frizzante	prickelnd
il parapetto	die Brüstung
oltre	jenseits
il ˈvicolo	die Gasse
dare dietro	nach hinten hinausführen
la scalinata	die Treppe
alla chetichella	heimlich
dedicarsi a	sich widmen
interamente	ganz, völlig
il sugo (i -ghi)	der Saft, die Sauce
ˈacido	sauer
l'annecchia *f*	die Färse
la fronda	das Laub; *hier* das Blatt
bruciacchiare	anbrennen
la mosca (le -che)	die Fliege
traditore	verräterisch
attardarsi	sich verspäten
a testa	pro Kopf, für jeden
per un pezzo	eine Strecke lang
ˈessere deluso	enttäuscht sein
la gitarella	der kleine Ausflug, die Spritztour
fin dall'inizio	von Anfang an
scontento	unzufrieden
scosso	erschüttert
una ventina di chiˈlometri	ungefähr zwanzig Kilometer
sparare	abfeuern
la cartuccia (le -cce)	die Patrone
il ˈmargine	der Rand
ˈessere vestito da città	städtisch angezogen sein
dare un passaggio (i -ggi) a qu	jdn im Auto mitnehmen
la gengiva	das Zahnfleisch
. . . si vedeva . . .	offensichtlich